OBSERVATIONS

SUR LA

VIDANGE DE PARIS

ET SON TRANSPORT A BONDI,

PRÉSENTÉES

A M. LE PRÉFET DE LA SEINE,

Et à MM. les membres du Conseil général du département,

PAR UN INSPECTEUR PRATICIEN.

Pour la ville de Paris.

1848.

AU CONSEIL GÉNÉRAL DE LA SEINE.

Messieurs,

Dans une séance du 25 décembre 1842, vous avez reconnu la nécessité d'accélérer le départ des matières de Montfaucon et de les transporter à la voirie de Bondi. Déjà l'équarrissage enlevé est un premier bienfait, qui attend son complément par le départ total du dépôt infect à sa nouvelle destination. La ville de Paris y a un grand intérêt, tant pour rentrer en possession d'un sol qui accroîtra sa richesse que pour assainir l'un de ses plateaux les plus puissants. Les communes de la Villette, Pantin, Belleville, Romainville et Noisy-le Sec font des vœux pour ce départ, qui, en purgeant leur sol, y développera un accroissement de population et de revenus.

Dans un délibéré, auquel ont pris part deux sommités de la science, MM. Arago et Orfila, ainsi que trente honorables membres du conseil général, on s'est occupé de l'importante question du transport des vidanges de la ville à Bondi. Là s'élevait une grande difficulté, là aussi tous les efforts doivent être tentés pour la vaincre.

Après avoir examiné divers moyens, vous avez arrêté, comme le plus rationnel, celui d'un *dépotoir*, avec tuyau conducteur pour recevoir et diriger les liquides jusqu'à Bondi. Ce dépotoir, placé entre le bassin circulaire de la Villette et l'enceinte fortifiée, suivrait la rive gauche du canal de l'Ourcq, et on se servirait de ce canal pour conduire en bateaux, au halage, les matières à leur destination.

Pour l'exécution dudit projet, vous avez consenti à une dépense de 400,000 francs, répartis ainsi :

Achat de terrain, 70 ares.	20,000 fr.
Bâtiment du dépotoir, logement d'agents.	165,000
Montage d'une machine à la ville.	10,000
Chaudière et cheminée.	8,000
Trottoir et pavage.	35,000
Embranchement d'égout.	1,200
Cinquante tonnes pour les matières.	20,000
Mur de clôture.	35,000
Conduite (3,300 mètres à 20 francs).	66,000
Appareil d'éclairage	8,000
Somme à valoir.	31,800
Total.	400,000

Dépense annuelle pour transport de matière et combustible.	94,500
Et personnelle de.	10,500
Total.	105,000

Voilà pour la première année ; et, comme des exemples nombreux le démontrent tous les jours, les calculs des dépenses ayant souvent dépassé les prévisions, vous devez vous attendre à dépasser cette somme.

Déjà, en 1842, vous avez dépensé 28,250 francs pour le transport seul des fosses mobiles, et voté 50,000 fr. pour assurer l'augmentation croissante de ce service en 1843, service qui compte tout au plus pour un sixième dans la totalité de la vidange.

Messieurs, la lecture du procès-verbal de votre séance du 23 décembre nous a vivement intéressé; mais arrivé au chiffre total de la dépense présumée et non réelle, nous avons pensé qu'il méritait un examen sérieux; et, sans vouloir critiquer en rien les moyens adoptés par des hommes aussi compétents qu'éclairés sur des intérêts si importants, nous avons été entraîné à la recherche de mesures un peu moins coûteuses et plus certaines.

En effet, Messieurs, votre projet nous a paru devoir rencontrer dans son application des difficultés notables dont la première est l'engorgement de la conduite, et, par suite du refoulement, de sa rupture, qui, livrant à l'inondation et à l'infection une partie des terrains voisins, donnera infailliblement naissance à des plaintes suivies de procès et demandes en indemnités de la part de leurs propriétaires.

Et qu'arriverait-il, si l'écoulement des matières se trouvait ainsi subitement arrêté?

Dans de telles prévisions, il faudrait donc établir une conduite de rechange, qui accroîtrait vos dépenses de 66,000 francs.

Un autre obstacle est celui de l'établissement même du dépotoir, près du port d'embarquement, et contre lequel protestent énergiquement tous les propriétaires de la Villette, se fondant avec raison sur l'axiome *de commodo et incommodo*.

Ces premières considérations, fussent-elles les seules,

ne suffiraient-elles pas pour nous porter à la recherche des nouveaux moyens que nous allons livrer à votre appréciation ?

Et d'abord, avant de supprimer le foyer d'infection de Montfaucon et de le transporter à Bondi, ne serait-il pas plus convenable d'attaquer les causes qui entretiennent ce foyer, c'est-à-dire la construction des fosses en général et le système actuel de vidange, qui manque de propreté, à peu d'exceptions près ?

Une mesure rigoureuse ne devrait-elle pas ordonner la recherche de vieilles fosses clandestines, leur vidange immédiate et leur remplacement par d'autres d'une nouvelle construction ?

Et aussi la suppression totale, dans un délai convenable, de toutes les fosses en caves, comme contraires à la salubrité publique ?

Il faut le dire, presque toutes sont mal situées, d'un travail difficile et d'une propreté impossible. — De là, à chaque vidange, deux nuits sont souvent dépensées, l'odeur se répand dans la maison et le voisinage, s'y attache à toute chose, et produit des dégâts dans beaucoup d'industries par l'insuffisance d'une portion d'air capable de neutraliser l'infection.

Avec elles, aucun moyen de reconnaître les fissures ou les joints mal faits par lesquels ont lieu des filtrations qui infectent les puits, pourrissent le sol et l'imprègnent d'un gaz essentiellement morbifique.

Ainsi, manque d'air, manque d'eau, propreté impossible, danger d'asphyxie pour les vidangeurs, pourriture et insalubrité du sol, tels sont les inconvénients qu'elles présentent. — *Plus de fosses en caves !*

Dans les constructions nouvelles, il faudrait exiger le placement des fosses au rez-de-chaussée, à proximité de la voie publique, sous les portes cochères, au milieu des cours, autant que possible à ciel ouvert, et leur affecter une capacité relative aux maisons, jamais au-dessus de 24 mètres, excepté pour les hôpitaux, prisons, casernes, théâtres, et autres grands établissements publics. Elles devraient toujours avoir la forme parallélipipède, ainsi qu'une ouverture d'un diamètre régulier, invariable pour toutes et placée au centre.

Dans les maisons pourvues de fosses au rez-de-chaussée, toutes leurs ouvertures devront être mises au diamètre uniforme dans un délai fixé.

En peu années, les choses arrivées en cet état (et cela est possible, vu le grand intérêt salubre qui s'attache à ce résultat), on aurait la possibilité de couvrir hermétiquement les fosses pendant l'extraction des eaux au moyen de la pompe; par le placement d'un fourneau intérieur, de brûler les gaz méphitiques qu'elles contiennent, et de n'avoir, au travail des déjections alvines, qu'une odeur moins nauséabonde et jamais dangereuse.

Le système Richer, qui est celui que nous indiquons, semble atteindre ce qu'il y a de plus parfait dans le côté abject de ce travail.

Avec les fosses au rez-de-chaussée et à ciel ouvert :

Prompte exécution dans le travail, propreté, aucun danger d'asphyxie pour les ouvriers (et c'est une considération que votre humanité appréciera), facilité dans le lavage hygiénique des cours, dans la circulation de l'air, qui détruit l'infection et enlève aux matières elles-mêmes leur odeur désagréable.

Tel serait le *premier résultat pour arriver au transport à la voirie de Bondi*.

Pour le matériel de vidange :

Suppression des tinettes, excepté pour les cas de réparation de fosses ; et alors en avoir d'une circonférence plus large, moins élevées, ayant une lunette formant siége, munies d'un couvercle mobile fermant juste.

Avec les tinettes actuelles, surveillance difficile, travail long, d'un aspect dégoûtant, et nuisible surtout au repos des habitants; car l'immense chariot qui conduit ces appareils, au nombre de 24, produit, dans son parcours sur la voie publique, un bruit comparable à celui d'une charge de grosse cavalerie ou au passage d'un train d'artillerie, par le choc continuel de ces lourds vaisseaux les uns contre les autres. — Au déchargement, ils sont rangés au devant des maisons, avec désordre (car les maisons où on les emploie ont rarement des cours pour les recevoir), et ils rendent ainsi la circulation dangereuse aux voitures dans les temps brumeux et dans les extinctions du luminaire public. — A leur chargement, trois hommes les soulèvent avec force, les balancent pour obtenir le jet, et les laissent tomber avec fracas sur la voiture : ce qui produit pour les 24 tinettes un bruit semblable à 24 détonations de mousqueterie, et souvent jette les paisibles dormeurs du voisinage dans un grand effroi.

Donc, *suppression des tinettes,* dont on n'aura plus besoin quand les fosses seront *étanches,* car alors plus de matière solide pour les employer.

Pour les tonnes :

Dans un temps fixé ultérieurement, prescrire leur pose sur des chars à quatre roues, genre du modèle Richer, qui joint à plus de propreté une circulation active, moins embarrassante pour le stationnement, plus légère, peu bruyante dans le parcours, facile à tourner dans les rues, à entrer dans les cours, à éviter les accidents, et surtout à diminuer la dégradation du pavé de la capitale (considération qui n'est pas sans valeur).

Ainsi, ordonner l'*établissement général de chars-tonnes.*

Pour les autres appareils de transport :

N'employer que des hottes en fer galvanisé ou en cuivre, avec couvercle fermant bien, capables d'intercepter la mauvaise odeur pendant le trajet de la fosse à la tonne ; hottes lavées extérieurement avec une éponge à chaque voyage, comme l'exige le service Richer.

A l'ouverture d'une fosse, le chef du travail, sous sa responsabilité, devra y placer un fourneau, afin de brûler les gaz méphitiques qui y séjournent ; ensuite il placera un deuxième fourneau d'appel sur la tonne, près de la bonde de charge, afin d'achever la combustion des gaz contenus dans les eaux et les matières ; puis il descendra le tuyau aspirateur de sa pompe à mesure que l'eau baissera, pour ne point mélanger et obtenir ainsi la séparation complète du liquide d'avec les matières : — c'est le contraire qui a lieu presque toujours.

La séparation et le feu des fourneaux diminuant l'infection, le chef du travail y apportera tous ses soins, car elle est la base d'un système que nous ferons valoir lors de la discussion des moyens.

En outre, chaque entrepreneur de vidange indiquera, sur la déclaration qu'il fait au bureau de la salubrité, si la maison dans laquelle il travaille est pourvue d'une pompe ou d'un puits. Dans le cas de manque d'eau, il en fera porter au moins 4 hectolitres dans un tonneau suspendu sous la voiture d'équipe, afin de n'être point obligé, pour laver les outils et l'atelier, d'attendre l'ouverture des maisons voisines ou le coulage des bornes-fontaines, ce qui retarde le départ des ouvriers et gêne l'ouverture des magasins dans beaucoup de localités.

*

L'inspecteur de service s'assurera que le tonneau est pourvu d'eau pour l'exécution de cette mesure.

Enfin, une nouvelle ordonnance, abrogeant celle du 5 juin 1834, prescrira le service dans les formes nouvelles, d'après les renseignements fournis par M. le Directeur de la salubrité.

Messieurs, le sujet que nous traitons est de nature à captiver votre attention ; car il s'agit d'éteindre les éléments d'infection et d'insalubrité qui feront toujours du foyer d'une voirie un redoutable voisinage. En s'attaquant aux causes de l'infection, logiquement on neutralisera ses effets. Nous avons l'espoir qu'avec les mesures que nous proposons on y parviendrait.

DISCUSSION.

Au point de départ, d'après le système que vous venez d'adopter, vous avez la somme de 400,000 francs à dépenser ; à construire des bâtiments, un dépotoir et une conduite susceptible de se rompre ; des procès en perspective, une contestation et une opposition vive avant de pouvoir rien commencer ; partant, il y a encore des propositions à faire (1).

---

(1) Dans notre exposé, nous établirons tous nos calculs à partir du 1er janvier 1846, époque à laquelle devront être terminés les travaux d'une mesure quelconque prise par l'administration, jusqu'à l'expiration du bail de l'adjudicataire de la voirie, 31 décembre 1850.

PREMIER MOYEN.

Si nous interrogeons le travail des vidanges en 1842, nous trouvons 9,301 fosses vidées, et l'enlèvement des matières, y compris le produit des fosses mobiles, de 170,700 mètres.

L'année de la vidange se composant de 300 jours de travail, la moyenne pour l'enlèvement de chacun est de 569 mètres.

Messieurs, nous nous sommes demandé pourquoi, avant de vous décider au vote du dépotoir et des accessoires dispendieux qu'il entraîne, vous n'aviez pas fait mettre au concours de l'adjudication publique le transport annuel des vidanges à la voirie de Bondi.

Nous sommes fondé à croire qu'un ou plusieurs grands capitalistes vous auraient fait des offres dont le chiffre annuel eût atteint tout au plus 170,700 francs, tandis que vous dépasserez celui de 190,000 pour ce service, comme nous allons le démontrer.

En supposant qu'un projet de transport vous ait paru acceptable (et il est permis de le penser), vous auriez fait une première économie de 400,000 francs pour l'établissement du dépotoir ; encore n'est-ce qu'à un plan, à une théorie que vous livrez vos capitaux, car des exemples de ce genre : POINT.

Il serait donc convenable, avant de passer outre, d'essayer une proposition d'adjudication pour le transport annuel des vidanges à Bondi, par soumissions cachetées, en la forme ordinaire.

D'après nos prévisions, le halage du canal de l'Ourcq

diminuera progressivement, en ce sens que les chemins de fer présenteront prochainement au commerce le secours de leurs rapides communications. Alors le transport de la vidange y deviendra facile, puisqu'ainsi devra s'effacer cette considération : *que le commerce aurait à souffrir de cet encombrement.*

Dans le choix des communications, accordant celle-ci à une entreprise, le prix du transport ne s'élèvera pas au-dessus de 1 franc le mètre, en fournissant les tonnes à l'adjudicataire, et laissant l'entretien à sa charge, sous le contrôle de l'administration (1).

La moyenne des journées de la vidange ayant été, en 1842, de 569 mètres, avec 300 tonnes le service serait plus qu'assuré, car il en resterait 15 de réserve à l'entrepôt pour les jours *extra*.

L'enlèvement de chacun des 500 jours, dont se compose l'année moyenne de la vidange étant de 569 mètres à 1 fr., donnera un chiffre annuel de. . 170,700 fr.

Vous dépenserez, pour le dépotoir, sa conduite et ses chances incertaines. . . . . 400,000 fr.
Pour une conduite de rechange. . . . 66,000

Total. . . 466,000

Plus l'intérêt de cette somme immobilisée, seulement jusqu'à la fin de l'adjudication, dix ans (à 5 pour cent). 233,300

Total. . 699,300

(1) Cette clause est importante, afin que l'administration puisse s'assurer qu'aucune tonne ne fuit, et que leur embarquement ne compromet en rien la salubrité des eaux du canal, dans l'intérêt des concessions faites par la ville.

Tandis qu'avec l'adjudication, pour l'achat de 300 tonnes à 400 fr., vous n'immobiliseriez que. . . . . 120,000 fr.
En y joignant l'intérêt de dix ans. . . 72,000

Total. . . 192,000

Différence en moins sur les frais généraux 507,000 *sans avoir encore l'embarras du service.*

Cette somme vaut la peine de tenter l'adjudication du transport.

Voici votre dépense annuelle. . . . 94,500
Personnelle. 10,500
Pour *indemnité de transport* aux vidangeurs, de la barrière au dépotoir. . . . 85,500

Total. . . 190,500

Car il est évident qu'*une conduite de rechange* est rigoureusement nécessaire, et qu'*une indemnité* est due aux vidangeurs.

Posons les calculs de cette indemnité :

De la barrière au dépotoir : 2,600 mètres à franchir.

En supposant pour ce parcours 75 cent. par tonne, ou 1 franc si la Villette vous rejette au delà du mur d'enceinte (hypothèse probable), 285 tonnes par jour produiraient 285 fr. d'augmentation ou 85,500 francs, comme nous l'avons établi plus haut.

Votre dépense annuelle s'élèvera alors à 190,500
Tandis qu'avec l'adjudication annuelle du transport à Bondi, vous n'aurez que 170,700

Différence en moins. 19,800

Et pour résultat : *n'avoir plus que la surveillance de l'entreprise.*

Ou bien, pour effacer l'oubli de l'indemnité dans vos calculs, permettrez-vous aux entrepreneurs de vidange d'augmenter le prix du mètre de leur travail?

En ferez-vous une charge nouvelle aux propriétaires?

Mieux vaudrait, si vous adoptez qu'ils doivent supporter ce nouveau grèvement, prendre une grande mesure :

Mettre en adjudication la vidange générale de Paris et son transport à Bondi, en exigeant un matériel, comme nous l'avons indiqué page 9, et l'adjuger à l'entreprise qui offrirait les conditions les plus avantageuses; alors l'intérêt de la propriété serait défendu et satisfait.

Par cette mesure, frapperiez-vous les entrepreneurs actuels dans leur industrie?

Non, Messieurs; ils s'associeraient pour y concourir, ou se mettraient aux gages de l'entrepreneur général, et réaliseraient ainsi un système unitaire, un service régulier, plus complet que celui actuel.

En suivant ce premier moyen, vous éviteriez l'imprévu des créations nouvelles, et les conséquences désastreuses où elles peuvent vous entraîner.

DEUXIÈME MOYEN.

Dans l'enlèvement général des vidanges, le liquide compte pour les 4 cinquièmes, les matières pour 1.

La moyenne par jour donne :

Liquide. . . . . 456 mètres.
Matière. 113
          Total. . . 569

Supposons le travail de la vidange fait comme nous

l'avons indiqué page 9, l'on aurait les eaux vannes moins infectées, extraites sur une moyenne de 456 mètres par jour, ou 228 tonnes, que l'on pourrait couler sur le milieu du pont d'Iéna, au moyen de trois trappes de chute, qui dirigeraient le liquide dans des conduites sous-marines masquées le long de la pile.

Des essais devraient être tentés sur ce point, toujours sous la réserve de précautions prises primitivement dans le travail pour amoindrir l'infection des eaux, qui alors se trouveraient dépouillées des gaz pernicieux qu'elles renferment, et réduites à l'état de celles reçues dans la plupart de nos égouts.

Afin d'assurer l'arrivée seule du liquide au lieu du versement, le chef du travail de la vidange mettrait sur le derrière de chaque tonne d'eau, à leur départ, un écriteau mobile portant le mot EAU, et ferait prendre au cocher la direction du pont d'Iéna.

Nous avons indiqué ce lieu pour l'écoulement, parce qu'il est plat, peu fréquenté à minuit, d'un abord facile, éloigné des grands sujets de réclamation, et dans nos limites. — D'un autre côté, tous les quartiers de Paris inclinant vers la Seine, les lignes des quais sont favorables au parcours des tonnes, qui de tous les côtés y descendraient chargées, et n'auraient à gravir les quartiers élevés qu'étant vides ; ce qui serait un avantage pour le pavage d'une part, de l'autre pour les entrepreneurs, qui useraient moins de chevaux.

L'extraction des eaux opérée dans chaque fosse, il ne resterait plus que celle des matières, sur une moyenne journalière de 113 mètres ou 57 tonnes, que chaque chef de travail dirigerait sur la voirie, en ayant soin de mettre sur toutes, avant leur départ, l'écriteau mobile portant le mot MATIÈRE.

La dernière tonne d'eau extraite de chaque fosse serait considérée comme *matière*, et dirigée sur la voirie.

Ces tonnes sortiraient par la barrière actuelle, suivraient le chemin de Meaux, et gagneraient le port d'embarquement par la rive gauche du canal. — Ainsi, point de parcours dans la Villette.

Dans l'hypothèse où ce projet recevrait une exécution, la Ville devrait, pour le compléter, créer un dépôt, surveillé par elle, élevé sur les terrains qu'elle possède à Montfaucon, et dans lequel seraient remisées les tonnes. Ce dépôt devrait être pourvu d'eau en abondance, pour les y bien laver tous les jours à leur rentrée. Les entrepreneurs payeraient loyer à la ville à raison du nombre de leurs chars, loyer qu'ils payent déjà sur un autre point. Pour eux, il n'y aurait qu'échange de localité.

Ce lavage se ferait avec uniformité, sous une rigoureuse surveillance, en sorte qu'il y ait parfaite égalité pour tous.

Resterait à mettre le travail en rapport avec les nouvelles localités. Comme il commence par l'extraction des eaux, le coulage s'ouvrirait, en été, à 11 heures et demie du soir, pour finir vers 5 heures et demie du matin : ce qui ferait 6 heures pour verser les 456 mètres au plus, que l'on noierait au grand courant de la Seine.

Le parcours pour arriver au lieu du versement s'effectuant en grande partie sur les quais, et gagnant les localités désertes du Champ de Mars, personne n'aurait à souffrir dans son repos.

Reste la question de salubrité et de voisinage.

Comme nous l'avons déjà fait remarquer plus haut, ces eaux vannes ne pourraient plus être comparées, pour l'odeur, à celles extraites des fosses actuellement ; car le travail étant amélioré par l'action des fourneaux placés ant dans l'intérieur des fosses que sur chacune des onnes, afin d'en absorber les gaz méphitiques, elles arriveraient au lieu de leur immersion beaucoup désinfectées et presqu'insalubres.

Le point que nous proposons sur le pont d'Iéna, au milieu de la Seine, est parfaitement aéré; le courant du fleuve y est d'une rapidité de 3 kilomètres à l'heure pendant les basses eaux, quand elles sont à 0 sur l'échelle; le jet s'y effectuerait sur une moyenne de 1 mètre 12 centimètres par minute, dans la saison la moins favorable, et de 1 mètre par minute et demie en hiver, où la nuit de vidange se compose de trois heures de plus, pour opérer dans une masse d'eau moitié plus élevée, dans un courant de 6 kilomètres à l'heure, quand l'eau atteint 3 mètres sur l'échelle.

Reste plusieurs objections :
La première est celle de la perte des eaux pour l'adjudicataire.

Cette objection est peu sérieuse. Une commission serait nommée afin d'expertiser ce préjudice, dont il lui serait tenu compte sur son adjudication annuelle, qui ne s'élève plus maintenant qu'à la somme de 580,000 francs.

Supposons le tiers de cette somme appliqué à l'indemnité, il ne resterait à ajouter à notre dépense annuelle que 126,700 francs.

Une deuxième objection : celle des réclamations que pourrait élever le concessionnaire de la pompe d'Auteuil en faveur de la salubrité de ses eaux serait la plus grave, et détruirait notre projet, s'il était prouvé qu'une altération dût avoir lieu sur elles par l'effet du versement des eaux vannes, en plein courant, à 2,400 mètres au-dessus de sa bouche d'aspiration.

Comparons :

L'établissement royal des eaux du quai des Célestins avait une prise d'eau dans la Seine, à 400 mètres au-dessous de l'égout du pont Morland, par lequel s'écoulaient les eaux vannes venant de Montfaucon, à l'époque de l'existence du petit bras Louviers. Cependant, quoique'elles fussent beaucoup plus infectées que celles que nous proposons de jeter au pont d'Iéna, il a été prouvé, par les savants qui ont jugé la réclamation élevée par l'établisement royal du quai des Célestins, que le liquide des vidanges, arrivé à la bouche d'aspiration dudit quai, n'était chargé d'aucun atome insalubre.

Si donc, à 400 mètres de distance, l'aspiration de la pompe du quai des Célestins n'avait pas à souffrir, à plus forte raison celle d'Auteuil, qui est éloignée de 2,400 mètres du pont d'Iéna, où le versement sous-marin s'effectuerait en plein chenal.

Rien à craindre non plus pour la pompe de Chaillot, qui se trouve à 210 mètres au-dessus du courant de notre coulage.

Notre proposition paraît donc admissible.

Il resterait toujours les matières à extraire et à transporter.

Cet enlèvement, qui constitue la fin du travail, est d'une moyenne de 113 mètres par jour ou 55 tonnes à conduire à Bondi.

Ici une proposition de transport pourrait être faite aux entrepreneurs, qui y mettraient leurs conditions. Si elles étaient inacceptables, on opérerait l'embarquement des 55 tonnes sur le canal de l'Ourcq, dans quatre bateaux pontés, moyennant la somme de 20 fr. par bateau (prix courant), ou 80 par jour pour les quatre.

La dépense annuelle se répartirait ainsi :

Quatre bateaux de transports à 80 par jour, pour 300 jours (année moyenne de la vidange). . . 24,000 fr.
Indemnité à l'adjudicataire de la voirie. 126,700

Total. . . 150,700

Ainsi le chiffre annuel de ce deuxième moyen est encore inférieur au vôtre, sans comprendre la dépense de l'entretien de votre pompe à feu, les frais de premier établissement du dépotoir et de toutes ses chances incertaines.

Si la science reconnaissait que les précautions du travail que nous avons indiquées fussent inffisantes pour purifier les eaux vannes de leurs éléments malfaisants, et que leur écoulement sur ce point fût insalubre, on pourrait acquérir, non loin de l'avenue de Suffren, sur le bord de la Seine, un grand terrain pour y construire une vaste rotonde avec une cheminée aérifère très-élevée, dans laquelle serait construit un bassin de 100 mètres cubes, alimenté sans cesse par une prise d'eau à la Seine, obtenue au moyen de la pompe que vous réservez au dépotoir. On verserait dans ce grand bassin les eaux vannes, qui y seraient précipitées par le renouvellement incessant de l'eau, et qui, ainsi lavées et dépouillées des animalcules qu'elles renferment, seraient dirigées au milieu du fleuve par une conduite sous-marine placée obliquement sur son lit, à 100 mètres au-dessous de la première prise d'eau.

Dans le bassin, la bouche d'alimentation serait opposée à celle de l'écoulement, et le versement des tonnes se ferait au centre, de sorte que les eaux de vidanges y déposeraient toutes les parties de substances insolubles et insalubres dont elles seraient restées chargées.

Tous les lundis, jour de vacance pour la vidange, ce bassin serait nettoyé et le résultat porté à la voirie.

Nous laissons l'approximation de la dépense de ce projet à vos lumières, dépense que nous croyons bien inférieure à celle que coûtera le dépotoir de la Villette.

TROISIÈME MOYEN.

Messieurs, celui-ci est le plus simple de tous.

Vous avez déjà un déversoir qui part de Montfaucon, reçoit le trop-plein du bassin actuel, et va, par une conduite de plomb provisoire, rejoindre l'aqueduc qui longe le canal et débouche à la Seine au niveau de la dernière écluse du pont Morland. Eh bien, changez l'emploi de la conduite et prolongez l'aqueduc jusqu'au déversoir actuel, que vous remplacerez par un bassin de 100 mètres cubes, alimenté par une prise d'eau du canal, à l'aide de votre pompe à feu disponible et de cette conduite de plomb qui existe aujourd'hui.

Ce bassin, construit comme le précédent, recevrait le liquide extrait des fosses, et le renverrait à l'aqueduc décanté et mélangé d'une triple portion d'eau; ce mélange achèverait d'être submergé, à la hauteur de la rue des Récollets, par l'ouverture de la petite écluse qui fonctionne sur ce point du canal, et il arriverait à la Seine à l'état de l'eau ordinaire qu'y versent nos égouts.

Pour compléter les moyens salubres, on ajouterait, au débouché de l'aqueduc, une conduite sous-marine de 60 mètres, placée dans le sens déjà indiqué, laquelle se déchargerait à son tour en plein chenal, dans le vaste bassin d'Austerlitz. Ce bassin est profond, rapide; par conséquent le mélange s'y opérerait, nous le croyons, sans inconvénient pour les riverains.

Et ici, où la situation est déjà faite, les dépenses de premier établissement seraient peu considérables.

Essayons-en l'examen :

Dépenses générales.

Bâtiment avec cheminée et bassin. . .	120,000 fr.
Prolongement de l'aqueduc au réservoir de Montfaucon (800 mètres à 100 fr.). . .	80,000
Montage de pompes.	10,000
Achat de 60 mètres de conduite. . . .	2,000
Appareils d'éclairage.	2,000
Total.	214,000

Dépense annuelle.

Combustible pour la pompe (moyenne 7 heures), à 20 fr. par jour, pour 300 jours. . . .	6,000
Personnel.	10,000
Indemnité à l'adjudicataire de la voirie. .	126,700
Transport des matières à Bondi. . . .	24,000
Eclairage du bâtiment.	2,500
Total.	169,200

Si l'on considère la hauteur de Montfaucon sur le niveau de la Seine au pont d'Austerlitz, dans les basses eaux, on sera convaincu que la chute du versement, comme nous l'indiquons, n'entraînera aucun inconvénient insalubre.

QUATRIÈME MOYEN.

Ce dernier est en rapport avec celui formulé dans votre délibéré, et, nous pensons, plus certain pour le coulage du liquide que celui de la conduite par tuyaux. Ce moyen est la construction d'un égout longeant le canal Saint-Denis, à partir du port d'embarquement de la Villette jusqu'au bassin du pont Saint-Denis, par la rive droite, et de là longeant la rigole voisine jusqu'à la Seine.

Cet égout, qui aurait une pente de 24 mètres sur une longueur de 5,260, pourrait concilier les intérêts de la ville de Paris avec ceux de la Villette, car cette commune y aurait ses servitudes. L'augmentation de sa population l'obligera bientôt à cette dépense, imposée d'ailleurs par les règlements de salubrité. Aussi, pour elle, n'est-ce qu'une question de temps qui s'amoindrit tous les jours. — L'égout entrant dans l'intérêt de la Villette, son établissement serait plutôt autorisé que le dépotoir, les garanties de salubrité étant plus certaines.

Un vaste bâtiment, placé le plus près possible du bassin circulaire, ayant une haute cheminée cylindrique aérifère, recevrait les tonnes de liquide, qui y effectueraient leur versement dans un réservoir de 100 mètres cubes, alimenté sans cesse par une prise d'eau du canal.

De distance en distance, des tuyaux d'aspiration verseraient dans l'égout le trop-plein du canal, qui achèverait de noyer les eaux vannes dans leur parcours, eaux qui arriveraient ainsi à l'embouchure sur la Seine à l'état ordinaire de celles versées par la rigole Saint-Denis.

Il reste à poser et examiner la question de dépense, qui n'est pas la moindre dans tout projet.

Dépenses générales.

Terrain.	20,000 fr.
Bâtiment avec cheminée et bassin.	120,000
5,260 mètres d'égout, à 100 fr. le mètre.	526,000
Appareils d'éclairage.	2,000
Total.	668,000

Dépenses annuelles.

Transport des matières.	24,000
Indemnité à l'adjudicataire de la voirie.	126,700
Personnel.	10,000
Eclairage.	2,500
Total.	163,200

Resterait à régler le parcours des tonnes par le conseil municipal de la Villette, qui probablement accorderait le quai de la Loire, qui sera terminé à cette époque.

Quoique ce dernier moyen paraisse fort coûteux, on ne saurait révoquer en doute la supériorité qu'il offre sur le dépotoir, qui, dans les temps rigoureux, ne pourra fonctionner, tandis que l'égout le pourra toujours.

Si l'on ajoute les frais de réparation de la pompe et ceux du combustible, on sera convaincu que l'écoulement par l'acqueduc finira par être moins dispendieux, la dépense annuelle étant au-dessous de celle du dépotoir.

Que l'on excuse les conclusions favorables que nous présentons en faveur de notre dernier moyen; nous ne les avons prises qu'après y avoir gravement réfléchi, et dans un intérêt dégagé de toute influence personnelle comme de tout esprit de contradiction.

Différence des dépenses générales.

Votre chiffre s'élève, pour le dépotoir, à	400,000 fr.
Pour une double conduite.	26,000
Total. . .	426,000 ?

Sans l'imprévu !

Votre dépense anuelle	94,500
Personnelle.	10,500
Pour indemnité de transport aux vidangeurs, de barrière à votre établissement. .	85,500
Total. . .	190,500 ?

Notre premier moyen coûtera :

Dépense générale (300 tonnes à 400 fr.).	120,000
— annuelle (transport)	170,700

Avec notre deuxième :

Coulage au pont d'Iéna (trappes de chute et conduite sous-marine).	6,000
Transport par bateaux sur le canal. . .	24,000
Indemnité à l'adjudicataire de la voirie.	126,700

Notre troisième :

Dépense générale (pour Montfaucon). .	214,000
— annuelle.	169,200

Notre dernier :

Dépense générale.	668,000
— annuelle.	163,200

Messieurs, avant toutes choses, nous insisterons de nouveau sur une considération bien grave à faire valoir à vos yeux : celle de l'insalubrité qu'entraînera toujours, pour un voisinage habité, le *foyer d'une voirie unique*.

Le Conseil d'État, tout en affectant cette rigoureuse servitude à telle ou telle commune, ne voudra jamais rendre cette obligation séculaire. Ce n'est toujours que dans l'attente d'un mieux que cette charge pourra être imposée.

Belleville, la Villette, Pantin, etc., ont réclamé l'expulsion de la voirie de Montfaucon. Vous l'avez reconnue nécessaire à leurs intérêts, à leurs droits. L'exubérance de la population de Paris, qui tend à envahir le sol de ces communes, vous a fait un devoir rigoureux de cette expulsion.

Vous avez transporté à Bondi votre voirie actuelle?

Mais dans un temps donné, même réclamation de la part de cette commune, à laquelle il faudra aussi faire droit.

Par ces raisons puissantes, ne vaudrait-il pas mieux, aidé du secours de la science, détruire, ou amoindrir, si l'on ne peut davantage, les causes de voirie dans le foyer particulier à chacune d'elles, et par des essais, sur les produits de vidange, arriver à ce résultat? — Aussi notre opinion est-elle que cette importante question reste trop secondaire dans l'esprit de l'administration, préoccupée qu'elle est de la gloire de son règne, et de l'érection des monuments qui l'immortaliseront.

Peut-elle davantage pour la salubrité?

Nous penchons pour l'affirmative. — Le succès obtenu dans l'établissement de l'équarrissage de M. Cambacérès, repoussé d'abord avec tant d'opiniâtreté, semble nous donner raison.

En résumé, dépouiller les eaux de vidange de leurs principes nuisibles, et les disperser après leur extraction par des procédés hydrauliques; réduire simultanément, dans les fosses, les matières en poudrette désinfectée : voilà les résultats qu'on doit chercher, *qu'il faut atteindre! — C'est à la destruction des voiries qu'il faut arriver!*

Nous ne terminerons pas cet aperçu sans mentionner les efforts tentés pour y parvenir.

Les premiers sont dus aux recherches scientifiques de M. Raspail, dont les travaux ont une si haute autorité. Ce savant laborieux donna en 1833, dans l'*Agronome*, le moyen de réduire en poudrette les matières de la vidange dans les fosses. Un essai fut tenté par d'autres mains que celles de l'auteur; aussi le résultat fut-il imparfait, et compromit l'existence des ouvriers appelés à sa recherche. Depuis, cet essai est resté là. On négligea de le reprendre en suivant les mesures décrites par l'inventeur du procédé, et l'on se priva peut-être d'une découverte très utile.

Est-il convenable d'en rester là?

Ne serait-il pas opportun d'appeler l'auteur lui-même à la prouver par un nouvel essai sous ses ordres, en présence d'une commission apte à en juger?

Nous le pensons, et si nous rappelons ce fait, c'est dans l'espoir de le tirer de l'oubli par la manifestation de votre volonté, toujours accessible aux grands intérêts de la cité.

Messieurs, dans tous nos calculs vous remarquerez, comme dominant toujours, le projet de *perdre* les eaux. Frappé comme vous de leur quantité progressive, qui dérangera tous les calculs le jour où toutes les fosses seront étanches, et des embarras de leur transport, ne fût-ce même que jusqu'au dépotoir, j'ai dû m'obstiner à vous présenter les moyens d'arriver à ce résultat.

Déjà plus de la moitié de ces eaux est répandue par la population masculine dans les urinoirs publics et privés; par le jet (recommandé par beaucoup de propriétaires) dans les plombs qui coulent sur nos voies publiques, et par les privés des grands ateliers de faubourgs, qui tombent dans les puisards.

Voici la preuve :

Population de la ville : 1,000,000 d'habitants.

Moyenne, à 1 litre de liquide par individu : 1,000 mètres.

Moyenne de l'enlèvement journalier : 456.

Il faut donc diriger tous ses efforts du côté de la perte des eaux, soit en multipliant les appareils publics, soit en tolérant la pose d'appareils particuliers; car on ne peut se dissimuler que l'accroissement de la population apportera de nouvelles charges au transport des liquides, que ne compenserait par leur emploi.

Nous savons, Messieurs, que vous hésitez à affecter le bassin de Paris à l'opération de l'écoulement, et que le préjugé populaire vient encore augmenter cette hésitation; aussi n'est-ce qu'à la condition d'amoindrir d'abord l'infection des eaux de vidange par un travail amélioré, par des fosses mieux aérées, par leur dépouillement dans le mélange et le dépôt d'un bassin, que nous vous en proposons la perte sous-marine dans le lit de la Seine.

Reste à vous le choix du lieu.

Ferez-vous tort à l'industrie en la privant de ces eaux?

Cette question tient aussi sa place.

Cependant ce liquide, dont la science a tiré de l'ammoniaque et quelques autres produits secondaires, sert aussi à alimenter une fraude immense. On le mélange avec de la tourbe et de la terre, et on le vend comme bon engrais au crédule acheteur.

Ainsi, il y a fraude. Elle doit disparaître quand on la découvre, et c'est s'en rendre complice que de céder les éléments propres à la constituer. — Donc, si l'industrie a peu à perdre dans le coulage des eaux, l'agriculture gagnera en revanche d'être moins trompée dans l'achat de ces engrais.

Messieurs, ce qui nous a surtout déterminé aux présentes considérations, c'est le chiffre de dépense que vous allez faire *sans succès certain*.

Il est permis de penser que, d'ici à peu de temps, avec le progrès de la science, on trouvera un moyen désinfectant peu coûteux. Et pour encourager les savants, les hommes de découvertes, ne serait-il pas convenable de proposer une forte prime (50 mille francs, par exemple) qui servirait à indemniser de ses essais celui qui trouverait ce moyen si utile, autant qu'à le récompenser.

Déjà un nouveau procédé, reçu d'abord avec prévention, puis amélioré dans son système, s'étend chaque jour sur une plus grande échelle. Les appareils de M. Huguin sont destinés à opérer une réforme complète dans la vidange, par leur moyen de séparation immédiate des matières d'avec les urines, séparation remarquablement appréciable, soit qu'on veuille disperser quotidiennement ce liquide dans le bassin de la Seine, versement qui aplanirait les préjugés actuels sur la vidange, soit qu'on veuille le livrer à l'industrie (1).

---

(1) L'*urée* extraite des appareils Huguin contient un quart d'ammoniaque de plus que les eaux vannes tirées des fosses ordinaires. Celles-ci sont chargées de matières putrides, qui fermentent à l'action de l'air et laissent évaporer une partie de leurs produits salins; tandis que l'*urée* des réservoirs Huguin,

M. Huguin a tout récemment perfectionné ses appareils, et trouvé le moyen d'enlever la mauvaise odeur aux liquides, sans augmenter ses tarifs. Nous devons donc appeler toute votre attention sur ce grand résultat. Pour nous, juge journalier de l'exécution, nous devons conseiller à l'administration d'accorder au système Huguin la juste protection qu'il mérite, car il satisfait déjà l'aspect et l'hygiène. Avec lui, dans un temps peu éloigné, il sera possible d'autoriser un service diurne au transport de ses eaux, ou de permettre leur versement inodore aux égouts pendant le coulage des bornes-fontaines dont la ville est pourvue (1).

claire, incolore, peu odorante, moins fermentée, renferme une plus grande portion de principes ammoniacaux, facile à obtenir par un travail peu coûteux.

Donc, en dispersant les eaux vannes de nos fosses actuelles, l'industrie ammoniacale n'aura rien à perdre, car les appareils Huguin, qui se multiplient tous les jours, lui fourniront bientôt le liquide nécessaire à sa consommation, dans de meilleures conditions pour l'extraction, et avec des bénéfices plus faciles à réaliser. — Ainsi, s'il est nécessaire de conserver à cette industrie une quantité donnée de liquide, il faut lui préférer celui qui offre des *garanties de salubrité plus certaines*, et se *défaire* de l'autre.

(1) Une expérience, faite le 26 octobre 1842, en présence d'une commission nommée par M. le Préfet de police, a démontré que les eaux des appareils Huguin, après avoir subi une préparation chlorurée, pouvaient être coulées sans odeur sur la voie publique. — Un versement a eu lieu en présence de trois chimistes distingués, MM. Gaulthier de Claubry, Labarraque, Payen, et deux délégués de la préfecture. Il a suffi d'un demi-kilog. de chlorure de chaux hydratée pour désinfecter complétement un mètre de liquide ; c'est donc une légère dépense de 30 à 35 centimes par mètre cube pour obtenir une si grande amélioration ; aussi la commission a été unanime sur l'avantage d'un tel procédé.

Par le fait, trois systèmes sont en présence :

La vidange à tonneaux mobiles, dont l'inconvénient principal est d'embarrasser les rues par le stationnement ou le parcours de ses grandes voitures, qui, comme de longues chaînes, barrent les voies de grande circulation;

Le système Richer, propre dans l'exécution, mais un peu embarrassant dans le matériel ;

Le système Huguin, satisfaisant dans le matériel, et plus propre encore dans l'exécution.

Lequel convient-il de protéger ?

Nous n'hésiterons pas à le dire : c'est le système Huguin ; avec lui on arrivera infailliblement *à la suppression des voiries.*

En attendant, Messieurs, j'appelle votre attention sur l'application des moyens ci-dessus, et votre bienveillance pour les erreurs que j'aurai pu commettre. Je serai récompensé si, à défaut de science, vous reconnaissez me l'intention d'être utile.

Mai 1843.

PARIS, IMPRIMERIE DE SCHNEIDER ET LANGRAND, RUE D'ERFURTH 1.

www.ingramcontent.com/pod-product-compliance
Lightning Source LLC
Chambersburg PA
CBHW060605050426
42451CB00011B/2095